Elke Dannecker

100 tolle Experimente

Mit Illustrationen von Birgit Rieger

Inhaltsverzeichnis

Experimente mit Luft

Warum fliegt ein Flugzeug?   6
Das Luftkissenauto   7
Der rasende Luftballon   8
Äpfel im Boxkampf   9
Wassertrick   10
Zwei Gläser halten zusammen   11
Wie man eine Kerze ausbläst   12
Die Wasserpumpe   13
Die schwere Zeitung   14
Die schwebende Karte   14
Die ungehorsame Papierkugel   15
Der Ballon in der Flasche   16
Das Ei in der Flasche   16

Experimente mit Wasser

Schwimmende Zitrone   18
Tanzende Rosinen   18
Das schwebende Ei   19
Ein Trinkhalm als Senkwaage   20
Eine schwimmende Kugel   21
Eine eigene Kopiermaschine   22
Ein Cellophanfisch wird „lebendig"   23
Der warme Tintenstrom   24
Wasserspritze   25
Blühende Papierblumen   26
Der Flaschentaucher   27
Das Unterseeboot   28
Der Springbrunnen im Glas   28
Wasserdichte Gläser   30
Streichholz als Naschkatze   30
Das schnelle Streichholz   32
Papiertaucher   33
Das trockene Wasser   34
Das Boot mit Seifenmotor   35
Es dreht sich und dreht sich   36
Fliehender Pfeffer   37
Super-Bubbel-Seifenblasen   38

Experimente mit allen fünf Sinnen

Was ist was?   40
Wie viele Finger spürst du …?   40
Kribbel-Krabbel   41
Heiß oder kalt   41
Süß oder sauer?   42
Keine Lust aufs Lieblingsessen?   43
Die Sache mit dem blinden Fleck   44
Der dritte Finger   45
Optische Täuschungen   46
Punktgenau   48
Dominantes Auge   49
Sichtbarer Augenstaub   49
Auch Zähne haben „Ohren"   50
Zwei Nasen   51
Gesundes Haar   51
Der Reaktionstest   52
Zwei Dinge gleichzeitig?   52
Arme hoch   53

Experimente mit Elektrizität

Der Zauberkamm   54
Hüpfende Frösche   54
Zwei, die sich nicht mögen   55
Schlangenbeschwörer   56
Nicht erschrecken!   57
Gefährlicher Puffreis   58
Die leuchtende Glühbirne   59
Ein einfacher Lichtschalter   60
Leiter oder Nichtleiter   61

Experimente mit Licht

Warum ist der Himmel blau?   62
Der Regenbogen im Zimmer   63
In welche Richtung zeigt der Pfeil?   64
Die verschwundene Münze   64
Blick in die Unendlichkeit   65
Farbige Schatten   66
Das eigene Sonnenkraftwerk   67
Eine einfache Kamera   68
Versteckte Münze   69

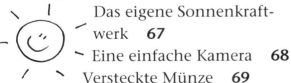

Verblüffende Tricks

Geheimtinte   70
Eine geheime Botschaft   70
Schnur als Telefonleitung   71
Der klingende Pappbecher   72
Ein heißer Tipp für den richtigen Dreh   73
Der unbewegliche Finger   74
Der Möbiusring   74
Kalte Glut   75
Durch ein Blatt Papier steigen   76
Der Kraftprotz   77
Das verzauberte Pendel   78
Das geheimnisvolle Lineal   80
Der Zuckertrick   81
Federspiel   82
Seifenblasenbilder   83

Experimente mit Kräften

Das starke Streichholz   84
Die standfeste Streichholzschachtel   85
Brücke aus Papier   86
Das Papiermesser   87
Die träge Orange   88
Münze im Glas   89
Eine Murmel fährt Karussell   90
Der starke Radiergummi   91
Balanceakt mit einer Münze   92
Lineal balancieren   93
Linealspiel   93
Münzenspiel   94
Aktion auf der Waage   95

EXPERIMENTE MIT LUFT

Warum fliegt ein Flugzeug?

○ Seidenpapier

Dieses Experiment zeigt ganz deutlich, warum ein Flugzeug fliegt. Halte das Seidenpapier an den Mund und blase darüber hinweg. Das Papier steigt in die Horizontale. Durch das Blasen wurde ein Luftstrom erzeugt, der den Luftdruck über dem Papier gesenkt hat. Du hast ja Luft „weggeblasen". An der Blattunterseite herrscht aber noch ein Luftdruck, der bewirkt, dass das Papier nach oben steigt.

Bei den Tragflächen eines Flugzeugs funktioniert es genauso. Damit der Luftdruck über den Flügeln geringer ist als unter den Flügeln, sind diese oben gewölbt.

Das Luftkissenauto

- 2 Verpackungsschachteln (Hamburger)
- 2 Plastikbecher
- Schere
- Filzstift

Dieses Auto ist eine tolle Sache. Anstatt auf Rädern zu fahren, gleitet es auf einem Luftkissen dahin. Und so funktioniert es: Nimm einen Plastikbecher und schneide den Boden ab. Der Umriss des Bechers wird mit einem Filzstift auf die Mitte der Verpackungsschale gezeichnet. Den Kreis ausschneiden und den Becher hineinstecken. Wenn man jetzt in den Becher bläst, entsteht ein Luftkissen, auf dem das Auto dahingleitet. Schnell noch ein zweites Auto gebastelt, und das Wettrennen kann beginnen!

EXPERIMENTE MIT LUFT

Der rasende Luftballon

- Luftballon
- Trinkhalm
- Schnur
- Klebeband
- Klammer

Dieses Experiment zeigt auf eindrucksvolle Weise was geschieht, wenn aus einem Luftballon die Luft entweicht. Der Rückstoß, der dabei entsteht, lässt den Luftballon wie ein Düsenflugzeug davonschießen. Zuerst den Luftballon aufblasen und mit einer Klammer verschließen. Mit dem Klebeband einen Trinkhalm auf dem Ballon befestigen. Durch diesen Trinkhalm wird eine Schnur gefädelt und die beiden Enden an Türklinken oder Stuhllehnen verknotet. Darauf achten, dass die Schnur straff gespannt ist. Jetzt die Klammer vom Luftballon lösen und pfffft ... ab geht die Post!

Äpfel im Boxkampf

- 2 Äpfel
- 2 Bindfäden
- etwas, woran die Äpfel aufgehängt werden können

Zwei Äpfel werden in geringem Abstand voneinander an je einem Bindfaden aufgehängt.
Und wie bringt man die Äpfel jetzt dazu, gegeneinander zu boxen, ohne dass man sie berührt? Ganz einfach. Wenn man kräftig genug zwischen den Äpfeln hindurchpustet, setzen sie sich in Bewegung und stoßen zusammen.
Die Erklärung ist einleuchtend: Alles ist von Luft umgeben und Luft nimmt Raum und Gewicht ein. Wird nun die Luft zwischen den Äpfeln weggeblasen, so wird an dieser Stelle kurzzeitig der Luftdruck geringer. Gleichzeitig wirkt der Luftdruck von der anderen Seite auf die Äpfel und drückt sie aneinander.

EXPERIMENTE MIT LUFT

Wassertrick

- Wasserglas
- Pappe, mindestens 12 x 15 cm
- Wasser

Was hat dieser Wassertrick mit Luft zu tun, wird sich mancher vielleicht fragen. Abwarten!

Das Glas zur Hälfte mit Wasser füllen und die Pappe darüber legen. Die Pappe mit der Hand fest aufdrücken und das Glas blitzschnell umdrehen. Erst jetzt die Hand von der Pappe nehmen und ... nichts passiert! Wider Erwarten platscht das Wasser nicht aus dem Glas. Luft drückt nämlich nicht nur von oben, sondern auch von unten gegen die Pappe. Der Luftdruck ist so stark, dass er das Wasser im Glas hält. Allerdings nicht ewig. Irgendwann weicht die Pappe auf und dann ist es gut, wenn man diesen Versuch über dem Waschbecken oder im Freien durchgeführt hat.

Zwei Gläser halten zusammen

- 2 gleich große Gläser
- 1 Blatt Löschpapier
- Wasser
- Kerzenstummel
- Streichhölzer

Bei diesem Versuch sollte auf jeden Fall ein Erwachsener dabei sein!

Zwei Gläser werden Öffnung auf Öffnung aufeinander gestellt. Unvorstellbar, dass man diese nur mithilfe des Luftdrucks hochheben kann?

Und so funktioniert es doch:

Ein Kerzenstummel wird in ein Glas gestellt, dann ein Stück Löschpapier angefeuchtet und nach dem Anzünden des Kerzenstummels blitzschnell auf das Glas gelegt. Nun wird das zweite Glas vorsichtig auf den Rand gesetzt. Ist die Kerzenflamme erloschen, kann man das obere Glas behutsam anheben – das untere Glas folgt der Bewegung. Die beiden Gläser halten jetzt fest zusammen.

Erklärung: Jedes Feuer verbraucht Sauerstoff. Die Kerzenflamme hat zuerst den Sauerstoff im unteren Glas und schließlich auch den Sauerstoff im oberen Glas durch die Fasern des nassen Löschpapiers hindurch verbraucht. Dadurch herrscht in beiden Gläsern ein niedrigerer Luftdruck als außerhalb der Gläser. Dieser äußere Luftdruck presst nun die beiden Gläser zusammen.

EXPERIMENTE MIT LUFT

Wie man eine Kerze ausbläst

- Flasche
- Kerze
- Streichhölzer

Wie man eine Kerze ausbläst – das weiß doch jeder. Man stellt sich vor die Kerze und bläst kräftig auf die Flamme. Wie sieht es aber aus, wenn vor die Kerze eine sperrige Flasche gestellt wird?

Dann geht es natürlich nicht, würden neun von zehn Befragten antworten. Irrtum! Es geht doch! Wenn kräftig gegen den Flaschenbauch gepustet wird, erlischt die Kerze. Auf der Rückseite der Flasche entsteht nämlich ein Unterdruck, den die umgebende Luft auszugleichen versucht. Die Flamme wird dann von der entstehenden Luftströmung ausgeblasen. Dies ist auch der Grund, warum man sich hinter einer Litfaßsäule besser nicht vor Wind schützen sollte. Man wird im Gegenteil dort erst recht durchgeblasen.

Die Wasserpumpe

- ○ Milchflasche
- ○ Untertasse
- ○ Kerze
- ○ Feuerzeug
- ○ Wasser
- ○ 2 Münzen

Dieses Experiment ist ein Klassiker. Es zeigt, dass Luft zwar nicht sichtbar, aber sehr wohl vorhanden ist. Man kann dieses Experiment auch durchführen, um zu beweisen, dass eine Flamme Luft verbraucht.

Eine brennende Kerze wird mit etwas Wachs auf einer Untertasse befestigt. 2 Münzen hineinlegen und darauf eine Flasche stellen. Nun gießt man Wasser in die Untertasse. Was geschieht? Die brennende Kerze verbraucht den Sauerstoff in der Flasche und erlischt schließlich, sobald er aufgebraucht ist. Nun ist weniger Luft in der Flasche, und das Wasser nutzt den frei gewordenen Platz, um in der Flasche aufzusteigen. Dabei hilft der Luftdruck, der jetzt außen größer ist als in der Flasche. Dieser drückt das Wasser in die Flasche hinein.

EXPERIMENTE MIT LUFT

Die schwere Zeitung

- ○ Zeitungspapier
- ○ Lineal

Kaum zu glauben, aber wahr. Wetten, dass man es nicht schafft, mithilfe eines Lineals eine Zeitung hochzuheben?

Das Lineal wird so auf den Tisch gelegt, dass es ein gutes Stück über die Tischkante hinausragt. Der Teil des Lineals, der auf dem Tisch liegt, wird mit einer ausgebreiteten Zeitung bedeckt.

Ganz gleich, wie fest man nun auf das frei stehende Lineal schlägt, es wird nicht gelingen, dadurch die Zeitung anzuheben. Es besteht eher die Gefahr, dass das Lineal abbricht.

Dieser Trick ist wieder ein Beweis dafür, welches Gewicht die Luft hat. Denn natürlich ist nicht die Zeitung zu schwer, sondern es ist unmöglich, die Luft, die über der Zeitung ist, nur mit einem Lineal plötzlich hochzudrücken.

Die schwebende Karte

- ○ Garnrolle
- ○ Stecknadel
- ○ 5 x 5 cm große Karte

Zuerst wird durch die Mitte einer etwa 5 x 5 Zentimeter großen Karte eine Stecknadel gesteckt. Diese Karte mit der Nadel wird so unter eine Garnrolle gehalten, dass die Nadel genau in das Loch der Garnrolle passt. Die Nadel sollte sich im Loch frei bewegen ohne an den Rand zu stoßen.

Jetzt sollte gleichmäßig in das Loch gepustet und dabei die Karte losgelassen werden. Die Karte schwebt!

Wichtig ist, dass ohne Unterbrechung und kräftig geblasen wird. Nur dann entsteht ein Luftstrom, in den die Karte durch den Luftdruck, der in der Umgebung auf sie wirkt, hineingedrückt wird.

Die ungehorsame Papierkugel

○ leere Flasche
○ Papierkugel

Eine Papierkugel in eine leere Flasche pusten – nichts leichter als das! Wer das glaubt, wird sich wundern. Eine Papierkugel auf die Öffnung der Flasche legen und versuchen, durch kräftiges Pusten das Kügelchen in das Flascheninnere zu befördern. Aber leider Pech gehabt! Statt nach innen fliegt die Kugel gerade in die andere Richtung. Der Grund ist ganz einfach zu erklären. In der Flasche befindet sich Luft und durch das Pusten entsteht ein erhöhter Luftdruck, der die Kugel nach außen schleudert.

EXPERIMENTE MIT LUFT

Der Ballon in der Flasche

- ○ leere Flasche
- ○ Luftballon

Aber jetzt kommt der Trick. Wer der Luft in der Flasche die Möglichkeit gibt, nach außen zu entweichen, kann den Luftballon aufblasen. Dazu den Ballon vom Flaschenrand lösen und das Ende halten. Einen Trinkhalm in die Flaschenöffnung stecken und beim Aufblasen darauf achten, dass er nicht abgeknickt wird.

Einen Luftballon in eine leere Flasche stecken und die Ballonöffnung über den Flaschenrand stülpen. Wer hat die kräftigste Puste und schafft es, diesen Ballon aufzublasen? Die Antwort ist einfach: niemand! In der Flasche ist nämlich kein Platz für einen aufgeblasenen Luftballon. Sie ist zwar leer, aber trotzdem voll. Voll mit Luft nämlich.

Das Ei in der Flasche

- ○ hart gekochtes, gepelltes Ei
- ○ Flasche
  (mit einem etwas schmaleren Hals als das Ei dick ist, z.B. Ketschup-Flasche)

Dieses Experiment ist ein Klassiker und immer wieder eindrucksvoll. In die Flasche kommt kochend heißes Wasser. Vorsichtig einfüllen, damit du dich dabei nicht verbrühst. Die Flasche etwas hin und her

schwenken und dann rasch das hart gekochte, geschälte Ei oben als Verschluss darauf setzen.
Die Behauptung, dass das Ei durch den Flaschenhals rutschen kann, glaubt man so lange nicht, bis man es selbst gesehen hat. Tatsächlich rutscht das Ei in die Flasche, sobald das Wasser darin etwas abgekühlt ist. Heißes Wasser nimmt mehr Raum ein als kaltes. Kühlt das Wasser ab, entsteht wieder mehr Raum. In dieses Vakuum wird das Ei hineingezogen, wobei der Luftdruck, der von außen auf das Ei einwirkt, kräftig nachhilft.

Schon gewusst?

Als Vakuum bezeichnet man einen Raum, der völlig leer ist.
Ein echtes Vakuum gibt es zum Beispiel im Weltall zwischen den Sternen. Auf der Erde ein Vakuum herzustellen ist gar nicht so leicht. Selbst ein leerer Raum ist eigentlich nicht leer, sondern mit Luft gefüllt. Erst wenn diese abgepumpt wird, entsteht ein Vakuum.

Man nennt dies auch „Unterdruck", weil dann im Raum kein oder nur ein geringer, außerhalb des Raums aber ein hoher Luftdruck herrscht.

EXPERIMENTE MIT WASSER

Schwimmende Zitrone

- Zitrone
- Schüssel mit Wasser
- Schälmesser

In die Schüssel mit Wasser wird eine Zitrone gegeben. Diese schwimmt gemütlich auf dem Wasser. Was geschieht aber, wenn die Zitrone geschält wird? Es dürfen Vermutungen angestellt werden. Wer glaubt, Zitrone ist Zitrone und schwimmt deshalb oben, irrt gewaltig! Sobald die Zitrone die Schale verloren hat, geht sie unter. Der Grund: In der Schale sind viele Poren, die Luft enthalten. Diese kleinen Luftblasen verhindern, dass die Zitrone untergeht.

Tanzende Rosinen

- durchsichtiges Glas
- Mineralwasser mit Kohlensäure

Die Rosinen in ein durchsichtiges Trinkglas geben. Das Glas zur Hälfte mit Mineralwasser füllen. Was passiert?

Die Rosinen tanzen munter im Glas auf und ab. Wenn du genau hinschaust, dann weißt du auch warum. Die Luftblasen des Sprudels haften an den Rosinen und tragen sie empor. An der Oberfläche entweichen die Luftblasen und die Rosinen sinken wieder nach unten, bis neue Luftblasen kommen ...

18

Das schwebende Ei

- hohes Glas
- frisches Ei
- Salz
- Esslöffel

Dieses Experiment ist fast schon ein kleiner Zaubertrick. Jeder weiß, dass ein Ei, sobald es in ein Glas Wasser gelegt wird, nach unten sinkt. Gibt man aber mindestens drei Esslöffel Salz in das Wasser, rührt es kräftig um und gibt dann erst das Ei hinein, erlebt man, wie das Ei fröhlich im Glas schwebt, anstatt nach unten zu sinken.

Des Rätsels Lösung ist einfach. Salzwasser hat einen größeren Auftrieb. Deshalb kann man im Meer leichter schwimmen als in einem See.

Am extremsten ist dieser Auftrieb im Toten Meer. Das ist so salzig, dass man ruhig im Wasser liegen und dabei sogar Zeitung lesen kann, ohne unterzugehen.

Schon gewusst?
Auf der Erde herrscht eine Anziehungskraft, die man Schwerkraft nennt. Diese bewirkt, dass wir und alle Dinge von der Erde angezogen werden.

Eine Kraft, die dieser Schwerkraft entgegengesetzt ist, nennt man Auftrieb.

EXPERIMENTE MIT WASSER

Ein Trinkhalm als Senkwaage

- 3 Gläser
- Trinkhalm
- Wasser
- Salz
- Alkohol (Spiritus)
- Knete

Mit einem Trinkhalm als Senkwaage kannst du noch mal ganz genau den unterschiedlichen Auftrieb von Flüssigkeiten verdeutlichen.

Schneide den Trinkhalm in drei gleich lange Teile. Fülle ein Glas mit Wasser, ein weiteres mit Wasser und Salz und ein drittes mit reinem Alkohol. Jeder Trinkhalm wird mit Knete verschlossen und in die Gläser gesetzt.

Alkohol ist leichter als Wasser und hat den geringsten Auftrieb. Der Trinkhalm sinkt tief ein. Das Salzwasser dagegen ist schwerer als Wasser, hat einen größeren Auftrieb und deshalb sinkt der Trinkhalm nicht so tief ein wie beim normalen Wasser.

Eine schwimmende Kugel

- ○ Weißglas-Flasche
- ○ Öl
- ○ Tinte oder Lebensmittelfarbe
- ○ Alkohol
- ○ Wasser

Wie schafft man es, in eine Flüssigkeit eine Kugel hineinzuzaubern? Ganz einfach: Fülle die Flasche mit Wasser und färbe sie mit Tinte oder etwas Lebensmittelfarbe. Jetzt kommen ein paar Löffel Öl dazu. Das Öl schwimmt in einer Schicht oben. Und nun kommt der Trick. Gib etwas Alkohol dazu und pass auf, was geschieht! Die Ölschicht sinkt in der Mitte ein. Gib jetzt so viel Alkohol dazu, bis sich aus dem Öl eine Kugel bildet, die genau in der Mitte der blauen Flüssigkeit schwimmt.

Wie du bereits aus dem vorigen Versuch mit der Senkwaage weißt, ist Alkohol leichter, weil er weniger dicht ist als Wasser. Das Öl kann nach unten sinken. Die Wassermischung drückt nun von allen Seiten gleichmäßig auf das Öl, sodass diese eine Kugelform annimmt und in der Mitte schwebt.

Schon gewusst?

Jeder Körper hat eine so genannte Dichte, die abhängig ist vom Gewicht und der Größe eines Körpers.
Je größer ein Körper ist, bei gleichbleibendem Gewicht, desto geringer ist seine Dichte. Grundsätzlich schwimmt ein Körper oder eine Flüssigkeit mit einer geringeren Dichte als Wasser oben. Gase mit einer geringeren Dichte als Luft steigen ebenfalls nach oben.

EXPERIMENTE MIT WASSER

Eine eigene Kopiermaschine

- Wasser
- Terpentin
- Spülmittel
- Zeitschrift
- sauberes Tuch
- mehrere Blätter Papier
- Schüssel
- Löffel

WASSER + TERPENTIN + SPÜLMITTEL

ACHTUNG: DAS BILD NICHT ZU NASS MACHEN!

Stell dir vor, du blätterst in einer Zeitschrift und entdeckst ein tolles Bild. Das wäre doch was für den Brief an den Freund oder die Freundin oder für eine Einladung. Klar kann man das Bild im Copyshop kopieren, man kann dies aber auch selbst tun. Dazu in einer Schüssel eine Lösung anrühren, bestehend aus zwei Teilen Wasser, einem Teil Terpentin und einem Teil Spülmittel. Ein sauberes Tuch mit dieser Lösung tränken und das Bild damit einreiben.

Ein Blatt Papier darüber legen und fest andrücken. Dazu eignet sich der Rücken eines Löffels ganz gut. Das Blatt Papier saugt sich mit der von der Lösung abgelösten Farbe voll und das Bild überträgt sich, allerdings seitenverkehrt, auf das Papier.

Ein Cellophanfisch wird „lebendig"

- Cellophan
  (z.B. Hülle einer Zigarettenschachtel)
- Schere

Ein Cellophanfisch kann sich doch nicht bewegen, oder doch? Klar, er muss nur mit seinem Lebenselement Wasser (Feuchtigkeit) in Berührung kommen!

Aus einem Stück echtem Cellophan (keine Plastikfolie) wird ein Fisch ausgeschnitten. Bevor du diesen Fisch auf deine Handfläche legst, solltest du sie leicht anfeuchten, manchmal genügt schon der eigene Handschweiß, und sofort beginnt sich der Fisch zu biegen.

Der Grund ist natürlich ganz einfach. In die Fasern des Cellophans dringt die Feuchtigkeit ein, die Folie quillt und „bewegt" sich.

EXPERIMENTE MIT WASSER

Der warme Tintenstrom

- 2 Gläser
- Eiswürfel
- Tintenpatrone
- Knete
- Schere

Wer kennt das nicht? Die ersten Schlucke eines heißen Getränks kommen einem immer besonders heiß vor. Tatsache oder Einbildung? Dieser Versuch bringt den Beweis.

Ein paar Eiswürfel werden in ein Glas geworfen und dieses mit kaltem Wasser aufgefüllt.
In das andere Glas kommt heißes Wasser. In dieses Glas wird eine Tintenpatrone versenkt mithilfe von Knete als Beschwerer. Nach 5 Minuten wird die Patrone herausgefischt und mit der Schere angestochen. Die Patrone kommt in das Glas mit dem kalten Wasser. Die warme Tinte läuft aus und steigt nach oben.

Es ist also tatsächlich so, dass heißes Wasser nach oben steigt. Die Tinte hat es sichtbar gemacht. Deshalb: Immer Vorsicht beim ersten Schluck, er ist wirklich heißer als der Rest.

Wasserspritze

- ○ leere Milchtüte
- ○ Wasser
- ○ Klebeband
- ○ Schere

In eine Milchtüte werden mit einer Schere vorsichtig drei Löcher übereinander gebohrt. Die Löcher werden mit einem Klebeband verschlossen.

Die Tüte randvoll mit Wasser füllen und das Ganze jetzt am besten in die Badewanne verlagern.

Nun dürfen Vermutungen angestellt werden. Spritzt das Wasser aus allen drei Löchern gleich weit? Spritzt das Wasser aus dem untersten Loch am weitesten?

Gleich wirst du es wissen! Mit einem Ruck das Klebeband abreißen und siehe da, das Wasser aus dem untersten Loch spritzt tatsächlich weiter als aus den anderen Löchern.

Klar, auf ihm lastet ja auch ein viel höherer Druck.

EXPERIMENTE MIT WASSER

Blühende Papierblumen

- Wasserschale
- Papier
- Schere
- Farben

Aus dem Papier einen Stern schneiden (siehe Vorlage) und innen bunt bemalen. Danach die Blütenspitzen nach innen falten und die Blüte aufs Wasser legen. Ganz langsam öffnen sich nun die Blütenblätter wieder und geben den Blick auf ihr buntes Inneres frei.

Das Wasser dringt in das Papier ein und lässt die Fasern leicht aufquellen. An den Faltstellen führt das dazu, dass sich die Blütenblätter öffnen.

Der Flaschentaucher

- hohes farbloses Glas
- Wasser
- kleine Flasche, z.B. Duftölflasche oder Parfümprobe

Das Glas wird fast ganz mit Wasser gefüllt. Die kleine Flasche kann nun kopfüber in dieses Glas getaucht werden. Dabei nur so viel Wasser in das Fläschchen eindringen lassen, dass das Fläschchen mitten im Wasser schwebt. Jetzt kann das Glas randvoll mit Wasser gefüllt werden. Und nun beginnt die Zauberei: Wird das Glas mit der Hand vollständig abgedeckt, dann sinkt der Flaschentaucher. Wird die Hand weggenommen, dann steigt er wieder. Wer möchte, kann diesen Vorgang mit einem kleinen Zauberspruch noch geheimnisvoller gestalten.

Die Erklärung dazu: Die Hand über dem Glas erhöht den Druck im Glas. Die Luft im Fläschchen wird dabei ebenfalls etwas zusammengedrückt. Es kann mehr Wasser in die Flasche gelangen und diese sinkt.

EXPERIMENTE MIT WASSER

Das Unterseeboot

- Wasser
- farbloses Glas
- Zitronenschale
- Messer
- Luftballon
- Gummiringe

Dieses Experiment funktioniert aus dem gleichen Grund wie beim Flaschentaucher und ist eine Abwandlung davon.

Schneide aus der Zitronenschale ein „Unterseeboot" heraus. Gib das Boot in das Glas, das randvoll mit Wasser gefüllt ist. Aus dem Luftballon einen Kreis ausschneiden und die Haut über das Glas spannen. Mit den Gummiringen befestigen.

Drückst du auf die Gummihaut, dann sinkt das U-Boot. Lässt du los, dann steigt es.
Wie du aus dem Experiment mit der Zitrone bereits weißt, enthält die Schale Luft. Drückst du gegen die Gummihaut, dann werden auch die winzigen Luftblasen noch mehr zusammengequetscht. Das Wasser kann sich ausbreiten, die Schale wird schwerer und sinkt.

Der Springbrunnen im Glas

- Marmeladenglas
- Strohhalm
- Knete
- Tinte
- Gefäß (Topf)

Bei diesem Experiment sollte dir ein Erwachsener beistehen, weil es etwas schwieriger ist. Am besten in der Küche oder im Bad durchführen.

Zuerst bekommt der Deckel des Glases in der Mitte ein Loch, und zwar genauso groß, dass der Strohhalm hindurchpasst. Das Glas ungefähr bis zu einem Drittel mit kühlem Wasser füllen und wenn du magst,

Das Glas in ein Gefäß mit sehr heißem Wasser stellen und abwarten. Plötzlich fliegt die Knete auf und davon und das Wasser schießt wie ein Springbrunnen aus dem Strohhalm.

dieses mit Tinte einfärben. Den Deckel auf das Glas schrauben und den Strohhalm durchstecken. Der Strohhalm sollte oben nicht zu weit herausschauen (eventuell abschneiden, siehe Zeichnung).

Nun muss noch das Loch, in dem der Strohhalm steckt, mit Knete abgedichtet werden (zur Not geht auch Kaugummi) und ebenso die Öffnung des Strohhalms.

Was ist passiert? Die Luft im Glas wurde durch das heiße Wasserbad erhitzt. Die Luftmoleküle gerieten in immer größere Bewegung und brauchten mehr Platz. Sie dehnten sich derart aus, dass das Wasser verdrängt wurde. Das Wasser hatte nur einen Ausweg ins Freie – durch den Strohhalm. Als der Druck am größten wurde, schoss der Knetverschluss davon und das Wasser konnte heraussprudeln.

EXPERIMENTE MIT WASSER

Wasserdichte Gläser

- 2 gleich geformte Gläser
- Wasserbecken
- Münze

Die beiden Gläser werden in einem Wasserbecken voll Wasser untergetaucht. Steigen keine Luftblasen mehr auf, werden beide Gläser mit den Rändern aneinander gedrückt. Die Gläser senkrecht stellen und in dieser Position vorsichtig aus dem Wasser heben.
Wer jetzt die Gläser vorsichtig gegeneinander bewegt, kann eine Münze in den entstehenden Spalt schieben, ohne dass ein Tropfen Wasser ausläuft.

Wie kann das sein? Wasser ist an seiner Oberfläche wie von einer Haut überzogen und diese bewirkt, dass das Wasser in den Gläsern zusammengehalten wird.

Streichholz als Naschkatze

- Streichholz
- Schüssel
- Zuckerwürfel
- Wasser
- Bindfaden

Eine Schüssel wird mit Wasser gefüllt und ein Streichholz ungefähr in der Mitte der Schüssel „ausgesetzt".

Dann wird ein Zuckerwürfel, der an einem Bindfaden befestigt ist, vorsichtig ungefähr 3 Zentimeter vom Streichholz entfernt auf die Wasseroberfläche gelegt. Und siehe da, kaum hat das Streichholz die Anwesenheit des Zuckers bemerkt, bewegt es sich auch schon darauf zu.

Oder anders gesagt: Sobald sich der Zucker im Wasser auflöst, sinkt diese Zuckerlösung nach unten, weil sie schwerer ist als Wasser. Das Wasser gerät dadurch in Bewegung, das umgebende Wasser drängt nach und nimmt das Streichholz dabei einfach mit.

Schon gewusst?

Flüssigkeit besteht aus winzigen Teilen, so genannten Molekülen, die sich an der Oberfläche gegenseitig stark anziehen. Diese Oberflächenspannung bewirkt, dass die Oberfläche so klein wie möglich bleibt und bei kleineren Mengen eine Tropfenform annimmt. Die Wasseroberfläche lässt sich sogar mit einer Haut vergleichen, durch die kleinere und leichte Gegenstände nicht eintauchen können. Die hohe Oberflächenspannung (Haut) des Wassers wird durch Seife oder Waschmittel zerstört.

EXPERIMENTE MIT WASSER

Das schnelle Streichholz

- 2 Streichhölzer
- Wasserschüssel
- Wasser
- Spülmittel
- Messer

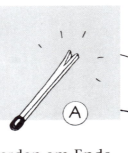

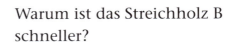

Zwei Streichhölzer werden am Ende mithilfe eines Messer vorsichtig gespalten. In den Spalt des einen wird nun ein Tropfen Spülmittel gegeben und das Streichholz in eine Schüssel mit Wasser gesetzt. Schon schießt das Streichholz ein Stück vorwärts. Zum Vergleich das andere Streichholz ohne Spülmittel mit einsetzen.

Warum ist das Streichholz B schneller?

Das Spülmittel verringert die Oberflächenspannung des Wassers. Die Wasserteilchen im Spalt werden herausgedrückt und durch den Rückstoß wird das Streichholz angetrieben.

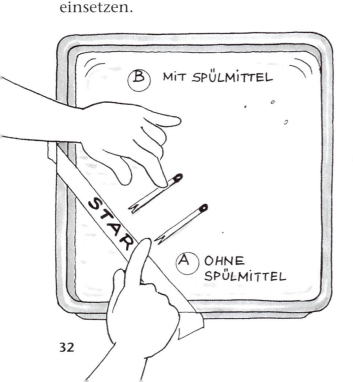

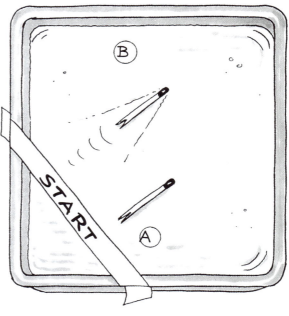

Papiertaucher

- dünne Papierserviette
- Schere
- 2 Gläser
- Wasser
- Spülmittel

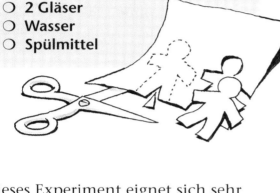

Dieses Experiment eignet sich sehr gut für eine kleine Wette. Aus der Papierserviette werden zuerst zwei Männchen ausgeschnitten und zwei Gläser mit Wasser auf den Tisch gestellt. Dann geht's los.
Welches Männchen schafft es als Erstes, auf den Grund des Glases „abzutauchen"? Beide Männchen werden ins Wasser geworfen und siehe da, während eines noch im Wasser herumschwimmt, ist das andere bereits am Grund angelangt. Wette gewonnen!

Der Trick dabei? In ein Glas wurden zuvor einige Tropfen Spülmittel gegeben. Dieses sorgt dafür, dass das Papier besser benetzt wird und sich schneller mit Wasser voll saugt.

EXPERIMENTE MIT WASSER

Das trockene Wasser

- Glas mit Wasser
- gemahlener Pfeffer

Trockenes Wasser? Das gibt es doch gar nicht, wirst du sagen. Und doch kannst du einen Finger in ein Glas mit Wasser tauchen und ihn völlig trocken wieder herausziehen.

nicht mehr bewegen, damit der Pfeffer nicht absinkt. Langsam den Finger ein kleines Stück in das Wasser tauchen und wieder herausziehen. Unglaublich! Der Finger ist staubtrocken.

Dazu wird in das Glas Wasser gefüllt und gewartet, bis der Wasserspiegel sich beruhigt hat. Dann wird fein gemahlener Pfeffer vorsichtig auf die Wasseroberfläche gestreut, bis diese vollständig bedeckt ist. Das Glas

Wie kann das gehen?
Wer einen Finger in Wasser taucht, durchbricht die „Haut" an der Oberfläche – und wird nass. Der Pfeffer verstärkt aber diese Haut – die Wassermoleküle halten fester zusammen. Das Wasser verhält sich nun wie ein Luftballon, dessen Haut nachgibt, wenn man dagegen drückt. Erst bei sehr starkem Druck bricht die Haut und der Finger wird nass.

Das Boot mit Seifenmotor

- Aluminiumfolie
- Schere
- Messer
- Seifenstück
- Schüssel
- Wasser

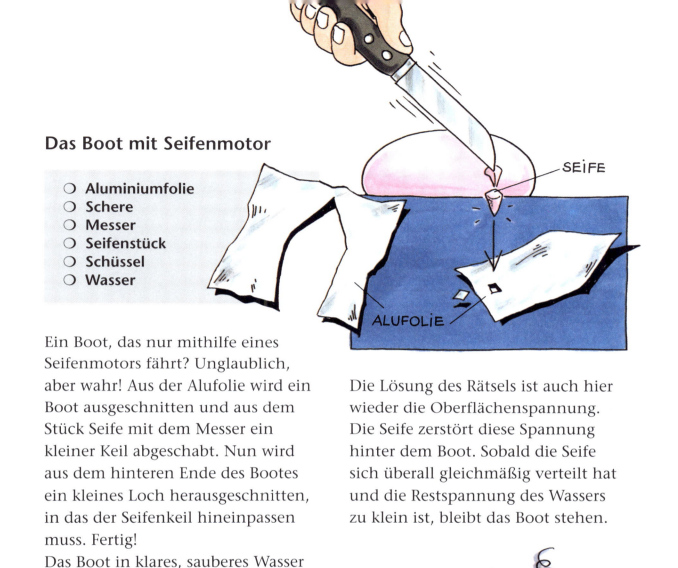

Ein Boot, das nur mithilfe eines Seifenmotors fährt? Unglaublich, aber wahr! Aus der Alufolie wird ein Boot ausgeschnitten und aus dem Stück Seife mit dem Messer ein kleiner Keil abgeschabt. Nun wird aus dem hinteren Ende des Bootes ein kleines Loch herausgeschnitten, in das der Seifenkeil hineinpassen muss. Fertig!
Das Boot in klares, sauberes Wasser setzen und schon schwimmt es munter vor sich hin.

Die Lösung des Rätsels ist auch hier wieder die Oberflächenspannung. Die Seife zerstört diese Spannung hinter dem Boot. Sobald die Seife sich überall gleichmäßig verteilt hat und die Restspannung des Wassers zu klein ist, bleibt das Boot stehen.

EXPERIMENTE MIT WASSER

Es dreht sich und dreht sich

- dünner Draht
- Schüssel
- Wasser
- Seife
- Nadel

Dieses Experiment ist eine Abwandlung des vorherigen. Auch hier wird mithilfe eines Seifen„motors" Bewegung erzeugt.

Ein Stück dünner Draht wird zu einer flachen Spirale gerollt und in eine Schüssel mit klarem Wasser gelegt.

Ein winziger Seifenschnipsel wird auf eine Nadel gespießt und diese in die Mitte der Spirale gelegt. Die Spirale wird sich drehen und drehen – viele Stunden lang. Die Spirale verhindert nämlich ein Ausbreiten der Seife, und so bleibt die Spannung außerhalb der Spirale lange erhalten, während sie im Inneren der Spirale aufgehoben ist.

Fliehender Pfeffer

- Pfeffer
- Seife
- tiefer Teller
- Wasser

In einen tiefen Teller wird Wasser gefüllt. Dann wird so viel Pfeffer auf die Wasseroberfläche gestreut, dass diese mit einer feinen Schicht vollständig bedeckt ist. Wenn jetzt ein Stück Seife (Spülmittel?) am Rand eingetaucht wird, flieht der Pfeffer fluchtartig zum entgegengesetzten Tellerrand. Dabei macht der Pfeffer sichtbar, was mit der Wasseroberfläche geschieht. Die Seife verringert die Oberflächenspannung. Die Wasserhaut zieht sich zurück.

EXPERIMENTE MIT WASSER

Seifenblasenblume:
Du brauchst einen Trinkhalm, den man biegen kann, Alufolie, eine Korkscheibe und die Supermischung.

Eine kleine Korkscheibe bekommt ein Loch in die Mitte, sodass sie genau auf die Öffnung des Trinkhalmes passt. Nun wird aus der Alufolie eine Blume ausgeschnitten, auch diese mit einem Loch in der Mitte. Die Blume wird auf die Korkscheibe geklebt und auf den Trinkhalm gelegt. In das Loch werden einige Tropfen der Supermischung gegeben. Jetzt vorsichtig pusten – eine Blase bildet sich! Das Tolle daran ist: Wenn die Luft aus der Blase entweicht, schließen sich die Blütenblätter der Blume.

Super-Bubbel-Seifenblasen Supermischung

- Schüssel
- Wasser
- Spülmittel
- Glyzerin (Apotheke)
- 3 Gläser

Mische in einer Schüssel sechs Glas klares Wasser (am besten ist destilliertes Wasser), zwei Glas Spülmittel und ein Glas Glyzerin. Da Glyzerin nicht billig ist, genügt ein Glas. Man kann bis zu vier Glas nehmen.

Wenn die Supermischung fertig ist, kann man damit viele kleine Experimente machen.

Riesenblasen:

Nimm einen Kleiderbügel aus Draht und biege ihn zu einem Kreis. Diesen in die Supermischung tauchen und pusten.

Schöne Formen:

Auch aus Pfeifenputzer kann man verschiedene Formen biegen. Eintauchen, pusten und überraschen lassen.

EXPERIMENTE MIT ALLEN FÜNF SINNEN

Was ist was?

- verschiedene Dinge, zum Beispiel: Tennisball, Zitrone, Wollknäuel, Kartoffel usw.
- Augenbinde

Dinge mit verbundenen Augen nur durch Tasten zu erraten ist schwierig. Noch um einiges schwieriger ist es aber, Dinge zu ertasten, ohne die Hände zu benutzen.

Mit bloßen Füßen oder mit den Ellbogen werden die Gegenstände ertastet und im Anschluss zur Kontrolle noch einmal mit den Händen. Ist es nicht erstaunlich?

Dinge, die mit den Füßen nicht erkannt werden, können die Hände meist blitzschnell identifizieren.

Ein Beweis dafür, wie gut der Tastsinn der Hände ausgebildet ist. Das liegt daran, dass die Hände besonders viele Aufgaben übernehmen müssen und die Fingerspitzen deshalb besonders reich an Nervenenden sind.

Wie viele Finger spürst du ...?

- kein Material

Wie viele Finger spürst du auf dem Rücken? Na, das ist ja wohl eine leichte Frage, wird jeder denken, aber so leicht ist die Sache nicht. Wer es nicht glaubt, probiert es aus. Einfach einen oder mehrere Finger auf den Rücken des Mitspielers drücken und raten lassen. In vier von fünf Fällen wird das Falsche geraten. Auf dem Rücken liegen die Nerven nämlich nicht so dicht beieinander wie zum Beispiel auf den Fingerspitzen, an den Lippen oder an bestimmten Stellen im Gesicht.

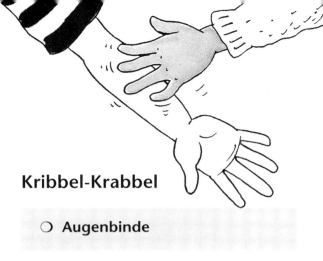

Kribbel-Krabbel

○ Augenbinde

Bei diesem Experiment werden einem Spieler die Augen verbunden. Der andere Spieler kribbelt und krabbelt ihm auf der Innenseite des Armes entlang, mal vor und mal zurück, mal auf der Stelle. Der Spieler mit den verbundenen Augen ruft laut stopp, wenn er glaubt, dass die Finger in der Armbeuge angekommen sind. Es ist wirklich erstaunlich, wie oft man dabei daneben tippt.

Heiß oder kalt

○ 1 Schüssel mit heißem Wasser
○ 1 Schüssel mit Eiswasser
○ 1 Schüssel mit warmem Wasser

Wer glaubt, mit seinen Händen Temperaturen genau fühlen zu können, wird durch dieses Experiment eines Besseren belehrt. Dazu die linke Hand in das kalte Wasser, die rechte Hand in das heiße Wasser halten. Nach einigen Sekunden beide Hände in das lauwarme Wasser halten und siehe da, obwohl das Wasser in der dritten Schüssel lauwarm ist, wird es von der linken Hand als sehr warm und von der rechten Hand als kalt empfunden.

EXPERIMENTE MIT ALLEN FÜNF SINNEN

Süß oder sauer?

- Augenbinde
- Saures z.B. Zitronensaft
- Süßes z.B. Zuckerwasser
- Bitteres z.B. Kaffee
- Salziges z.B. Salzwasser
- vier Trinkhalme
- Brot

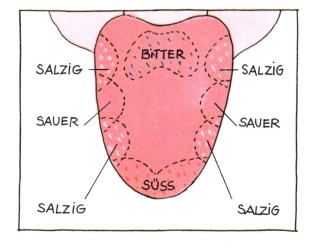

Wer glaubt, dass man Süßes oder Saures mit der ganzen Zunge schmeckt, weiß nicht richtig Bescheid. Auf der Zunge befinden sich nämlich Geschmacksknospen, die unterschiedlich angeordnet sind. An den mittleren Seiten befinden sich die Geschmacksknospen für Saures. Mit der Zungenspitze wird Süßes erkannt und an den vorderen und hinteren Seiten das Salzige. Bitteres bemerkt man nur mit dem hinteren Zungenabschnitt.

Mit diesem Experiment kann man das genau austesten. Zuerst werden die Augen verbunden, damit man die Lebensmittel nicht sieht. Dann tunkt man einen Trinkhalm in die saure Flüssigkeit und verschließt ihn mit dem Zeigefinger (Pipetteneffekt).

Nacheinander je einen Tropfen der Flüssigkeit auf verschiedene Regionen der Zunge tropfen lassen. Die Testperson muss nach jedem Betupfen die Geschmacksrichtung angeben.

Wetten, dass sofort sauer gerufen wird, sobald man die seitliche Region der Zunge betupft. Dasselbe mit den anderen Geschmacksrichtungen ausprobieren. Zwischendurch ein Stück Brot essen. Das neutralisiert die vorige Geschmacksrichtung.

Keine Lust aufs Lieblingsessen?

- Lebensmittel mit unterschiedlichen Geschmacksrichtungen, z.B. klein geschnittenes Obst und Gemüse, Süßspeisen, Getränke
- Augenbinde

Nachdem das vorige Experiment ausprobiert wurde, wissen wir, dass die Zunge jedes Lebensmittel am Geschmack erkennen kann. Falsch! Die Zunge kann nur die Geschmacksrichtungen süß, salzig, sauer oder bitter erkennen. Das beweist das folgende Experiment.

Einer Testperson werden die Augen verbunden und zusätzlich die Nase zugehalten. Diese bekommt nun die unterschiedlichsten Lebensmittel zu schmecken, aber außer süß oder sauer, salzig oder bitter kann sie beim besten Willen nichts sagen. Wie das?

Jedes Lebensmittel entwickelt im Mund seinen Geruch und damit

seinen Geschmack. Dieser wird durch die Nase wahrgenommen. Wird nicht durch die Nase geatmet, kann auch der Geruch nicht wahrgenommen werden. Eine Ahnung davon bekommt man, wenn man einen Schnupfen hat. Dann schmeckt auch die Lieblingsspeise nicht so gut wie sonst.

EXPERIMENTE MIT ALLEN FÜNF SINNEN

Die Sache mit dem blinden Fleck

- Blatt Papier
- Stift

Auf ein Blatt Papier wird auf die rechte Seite ein Kreuz gemalt. Auf gleicher Höhe; aber 10 Zentimeter nach links versetzt, ein Punkt. Jetzt wird das Blatt Papier vor das Gesicht gehalten und das rechte Auge geschlossen. Das Papier so halten, dass das Kreuz vor dem linken Auge ist, und den Blick starr darauf richten. Das Papier langsam vom Gesicht entfernen. Der Punkt, der vom linken Auge noch wahrgenommen wird, ist bei einem Abstand von ungefähr 25–35 Zentimetern urplötzlich verschwunden. Natürlich klappt das auch mit dem anderen Auge. Dafür das Kreuz auf die linke Seite malen und den Punkt auf die rechte. Das linke Auge zuhalten.

Dieses Experiment ist fast schon etwas unheimlich. Schließlich verschwindet plötzlich etwas, was eigentlich noch da ist. Aber auch dafür gibt es eine Erklärung:
In jedem Augapfel gibt es eine Stelle, mit der man nicht sehen kann. An dieser Stelle vereinen sich die Sehzellen zum Sehnerv. Man nennt diese winzige Stelle „blinder Fleck". Weil wir aber in der Regel mit beiden Augen sehen, fällt uns das nicht auf. Das eine Auge gleicht den blinden Fleck des anderen aus. Wenn man aber nur mit einem Auge sieht, kann man diesen blinden Fleck nicht ausgleichen. Sobald der Punkt auf dem Blatt Papier auf den blinden Fleck fällt, wird er nicht mehr wahrgenommen.

Der dritte Finger

○ **kein Material**

Beide Zeigefinger an den Spitzen aneinander legen und in Augenhöhe halten. Wer jetzt über die Zeigefinger hinweg in die Ferne blickt, am besten an eine Wand, der entdeckt zwischen den Fingerspitzen einen dritten Finger, der umso kleiner wird, je weiter man die Finger vom Auge entfernt.

Indem man die Augen auf die Wand scharf stellt, sieht man die Fingerspitzen doppelt. Die beiden Bilder der Finger werden im Gehirn zu einem Bild vereint: dem dritten Finger.

EXPERIMENTE MIT ALLEN FÜNF SINNEN

Optische Täuschungen

○ Zeichnungen im Buch

Immer wieder verblüffend sind optische Täuschungen.

Die Treppenstufen ganz genau anschauen. Befinden sich die Stufen auf dem Boden oder an der Decke?

Ein gefaltetes Blatt Papier liegt mit seiner Längsseite auf dem Tisch. Na klar, aber wenn man den unteren Falz eine Weile ganz genau anschaut, sieht es plötzlich so aus, als ob das Papier senkrecht steht.

Was passiert da eigentlich mit den Augen? Mit den Augen passiert eigentlich gar nichts, aber im Gehirn dafür umso mehr. Lässt ein Gegenstand unterschiedliche Deutungen zu und werden vom Auge „widersprüchliche" Signale gesendet, dann springt das Gehirn von der einen Möglichkeit zur anderen.

WAS SIEHST DU?

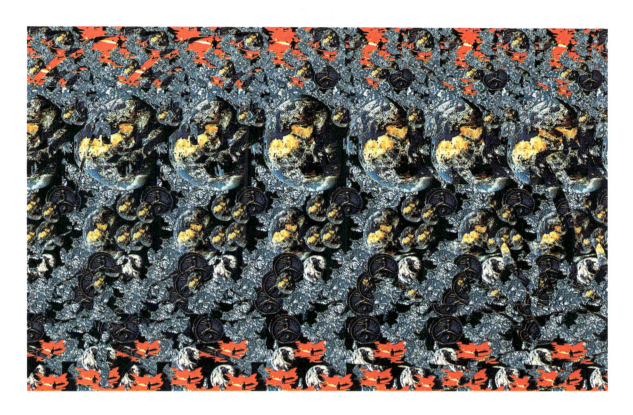

In diesem Bild sind tanzende Delfine verborgen, die man auf den ersten Blick nicht sehen kann. Darum nennt man solche Bilder auch „Magische Bilder".

Und so siehst du die Delfine:

Halte das Bild an deine Nasenspitze und bewege es langsam von dir weg, bis du eine normale Leseentfernung erreicht hast. Schau durch das Bild hindurch. Habe Geduld und starre so lange weiter, bis du das Bild entdeckst. Achtung: Die Augen nicht überanstrengen. Versuche es sonst lieber noch einmal!

EXPERIMENTE MIT ALLEN FÜNF SINNEN

Punktgenau

- Bleistift
- Blatt Papier

Nimm ein Blatt Papier und male darauf einen dicken Punkt. Setz dich nun bequem hin und versuche mit dem Bleistift genau diesen Punkt zu treffen. Schaffst du es? Prima, doch wer dies ohne Probleme bewältigt, sollte sich ein Auge zuhalten und es erneut versuchen. Du wirst sehen, diesmal wird es nicht so leicht gelingen.

Mit nur einem Auge lässt sich eine Entfernung nämlich nur schwer abschätzen. Das Gehirn braucht die Meldung beider Augen, um die Entfernung zum Punkt richtig zu bestimmen. Aber manchmal klappt auch das nicht – erinnerst du dich an die Sache mit dem blinden Fleck? (S. 44)

Schon gewusst?
Jedes deiner Augen sendet sein Bild an das Gehirn sein Bild. Das Gehirn macht aus beiden Bildern ein Gesamtbild, das räumliche Tiefe hat. Zum räumlichen Sehen brauchst du also beide Augen. Erst dann kannst du Entfernungen richtig einschätzen. Mit beiden Augen kannst du sogar dreidimensional sehen (siehe Magische Bilder auf S. 47).

Dominantes Auge

- Papier
- Schere

Wie du jetzt weißt, erstellt jedes Auge ein Bild, das dann nacheinander im Gehirn zu einem Bild verarbeitet wird. Welches Auge schickt bei dir sein Bild als Erstes ans Gehirn? Das kannst du mit diesem Experiment leicht herausfinden. Schneide in ein Stück Papier ein Loch mit einem Durchmesser von ungefähr 3 Zentimetern. Mit ausgestrecktem Arm blickst du nun durch das Loch auf einen beliebigen Gegenstand. Ohne diesen Gegenstand aus den Augen zu lassen, näherst du das Blatt Papier deinem Gesicht. Unbewusst wird dabei das Loch zum dominanten Auge hingezogen.

Sichtbarer Augenstaub

- Blatt Papier
- Lichtquelle

In deinen Augen schweben winzige Augenstäubchen. Diese kann man besonders deutlich sehen, wenn man in ein Blatt Papier ein kleines Loch sticht und damit gegen eine Lichtquelle schaut.

Die Stäubchen wandern stets nach unten und werden vom Lidschlag wieder nach oben befördert.

EXPERIMENTE MIT ALLEN FÜNF SINNEN

Auch Zähne haben „Ohren"

- Gabel
- Teelöffel

Wie, du glaubst nicht, dass du auch mit deinen Zähnen hören kannst? Dieses Experiment wird es dir beweisen! Schlage mit dem Teelöffel an die Zinken der Gabel und nimm den Gabelgriff zwischen die Zähne. Beiß vorsichtig darauf.
Du hörst einen Ton, der sofort unhörbar wird, wenn du den Biss lockerst. – Probier es ein paarmal. Glaubst du jetzt, dass du mit den Zähnen hören kannst?

Natürlich haben Zähne keine Ohren, du hörst mit den Knochen in deinem Kopf, die die Töne weiterleiten.

Ebenso wie die Töne der Gabel hörst du auch deine eigene Stimme zum Teil über die Knochen. Kein Wunder, dass du deine Stimme anders hörst, als wenn du sie vom Tonband und damit nur über die Luft hörst.

Schon gewusst?
Wir hören deshalb, weil Geräusche in der Luft Schwingungen auslösen. Diese Schwingungen werden vom Trommelfell aufgefangen und an das Ohr weitergeleitet. Aber nicht nur das Trommelfell fängt die Schallwellen auf. Manchmal spürst du sie sogar im Bauch, zum Beispiel bei lauter Musik.

Zwei Nasen

○ kein Material

Dieses Experiment zeigt, wie sehr sich unsere Sinne täuschen lassen. Tatsächlich glaubt man nämlich zwei Nasen zu spüren, wenn man Zeige- und Mittelfinger überkreuzt und damit seitlich über die Nasenspitze fährt. Zum Vergleich kann man abwechselnd mit nicht überkreuzten und mit überkreuzten Fingern über die Nase fahren.

Erklärung: Jeder Finger meldet die Berührung an das Gehirn, und weil dieses die überkreuzte Lage nicht berücksichtigt, registriert es „zwei Nasen".

Gesundes Haar

○ **Haare**
○ **Lineal**

Mit diesem kleinen Test kannst du überprüfen, ob dein Haar und das deiner Freunde gesund ist. Dazu musst du leider ein Haar opfern und ausreißen. An jedes Ende einen Knoten machen, damit es nicht aus der Hand rutscht. Lege das Haar neben ein Lineal und fang an vorsichtig zu ziehen. Das Haar muss sich ein Fünftel von seiner Länge ziehen lassen können, ohne dass es reißt. Zum Beispiel muss sich ein 10 Zentimeter langes Haar auf 12 Zentimeter dehnen lassen. Dann ist es gesund.

EXPERIMENTE MIT ALLEN FÜNF SINNEN

Der Reaktionstest

- Streifen aus Pappe oder Karton, z.B. 35 x 4 cm
- 7 verschiedenfarbige Stifte
- Lineal

Endlich! Ein Test, mit dem man sein Reaktionsvermögen überprüfen kann, für den man allerdings einen Mitspieler braucht.

Zuerst wird der Kartonstreifen in sieben gleich große Felder aufgeteilt. Jedes Feld wird mit einer anderen Farbe bemalt.

Dann tritt der Mitspieler in Aktion. Er hält den Streifen in der Hand und lässt ihn blitzschnell fallen. Die Testperson muss nun versuchen, den Streifen mit Daumen und Zeigefinger so schnell wie möglich aufzufangen. Die Farbstreifen markieren den Haltepunkt. Je weiter unten gefangen wird, desto besser das Reaktionsvermögen.

Zwei Dinge gleichzeitig?

- Schreibpapier und Stift

Dieses kleine Experiment soll zeigen, wie schwierig es ist, zwei Dinge miteinander zu koordinieren. Schreibe ein paar Zeilen und versuche gleichzeitig, mit dem Fuß gleichmäßig im Kreis zu drehen. Es ist so gut wie unmöglich.

Etwas besser – mit viel Konzentration – geht diese Übung: Mit der Hand auf den Kopf klopfen und gleichzeitig mit der anderen Hand den Bauch kreisförmig reiben. Das Lustige an diesem Experiment ist der verzweifelt angestrengte Gesichtsausdruck der Testperson und die Tatsache, dass fast jeder irgendwann aus dem Rhythmus kommt ...

Arme hoch

○ **kein Material**

Stelle dich aufrecht hin und versuche mit aller Kraft einen Arm zu heben. Dieser wird jedoch von einem Mitspieler festgehalten. Nach ein paar Sekunden lässt der Mitspieler deinen Arm los und du lässt ihn jetzt ganz locker nach unten hängen. Aber wie von Geisterhand getragen steigt der Arm nach oben.

Nach der Anspannung kommen die Muskeln mit der plötzlichen Entspannung nicht zurecht. Der Arm wird unwillkürlich nach oben gezogen.

EXPERIMENTE MIT ELEKTRIZITÄT

Hüpfende Frösche

- Plastiktrinkhalm
- grünes Seidenpapier
- Wolltuch
- Schere

Wer will kleine Frösche zum Hüpfen bringen? Aus dem Seidenpapier Frösche ausschneiden und auf den Tisch legen. Den Trinkhalm mit dem Wolltuch aufladen und in die Nähe der Frösche bringen. Es sieht einfach zu lustig aus, wenn die kleinen Hüpfer auf den Trinkhalm springen.

Der Zauberkamm

- Plastikkamm
- Wasserstrahl
- Wolltuch

Ein Plastikkamm wird aufgeladen, indem man damit seine Haare kämmt oder an einem Wolltuch kräftig reibt. Dann wird das Wasser so aufgedreht, dass es in einem dünnen Strahl aus dem Hahn läuft. Wird nun der Kamm vorsichtig dem Wasserstrahl genähert, so wird dieser in Kammrichtung abgelenkt – aber Vorsicht! Der Kamm darf nicht nass werden, sonst funktioniert es nicht mehr.

Ursache dafür sind die elektrischen Spannungen, die durch das Reiben am Wolltuch entstanden sind. Jeder Gegenstand enthält gleich viel positive wie negative Ladung. Durch das Reiben wird dieses Gleichgewicht gestört. Die negative Ladung des Wolltuchs hat sich auf den Trinkhalm übertragen und diesen negativ aufgeladen. Dieser zieht nun die positive Ladung aus den Fröschen und zieht diese damit an.

Zwei, die sich nicht mögen

- 2 Luftballone
- Schnur
- Wolllappen

Was passiert, wenn zwei sich nicht mögen? Richtig! Sie gehen sich möglichst aus dem Weg. So wie unsere zwei Luftballone in diesem Experiment. Dazu beide Ballone richtig prall aufblasen und jeden an einer Schnur festbinden. Nun muss man die beiden nur noch mit einem Wolllappen kräftig abreiben, und schon beginnt ein heftiger Tanz, bei dem sich die Ballone gegenseitig abstoßen.

Durch das Reiben wurden die Luftballone nämlich so sehr elektrisch negativ aufgeladen, dass sie sich gegenseitig abstoßen.

EXPERIMENTE MIT ELEKTRIZITÄT

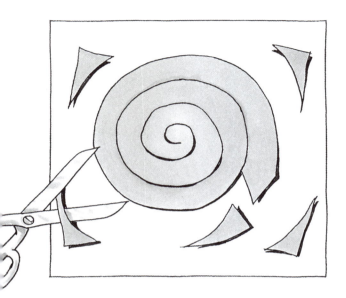

Der aufgeladene Füller zieht das ungeladene Papier an. Bei der ersten Berührung springt die Ladung vom Füller auf das Papier über, wird aber sofort an den Blechdeckel weitergeleitet. Das jetzt wieder ungeladene Papier wird erneut angezogen und so weiter, bis die Ladung des Füllers aufgebraucht ist.

Schlangenbeschwörer

- Seidenpapier, ca.10 x 10 cm
- Schere
- Füller
- Wolltuch
- Blechdeckel

Aus dem Seidenpapier eine spiralförmige Schlange herausschneiden und diese auf einen Blechdeckel legen. Den Kopf der Schlange so zurechtlegen, dass dieser etwas nach oben schaut. Jetzt wird der Füller kräftig an dem Wolltuch gerieben und anschließend über die Schlange gehalten. Die Schlange richtet sich auf und wer nicht aufpasst wird – zack – immer wieder von ihr „gebissen"!

Nicht erschrecken!

- ○ kleines Stück Karton
- ○ Stifte
- ○ Seidenpapier
- ○ Klebstoff und Klebestreifen
- ○ Knete
- ○ 3 Trinkhalme
- ○ Wolltuch

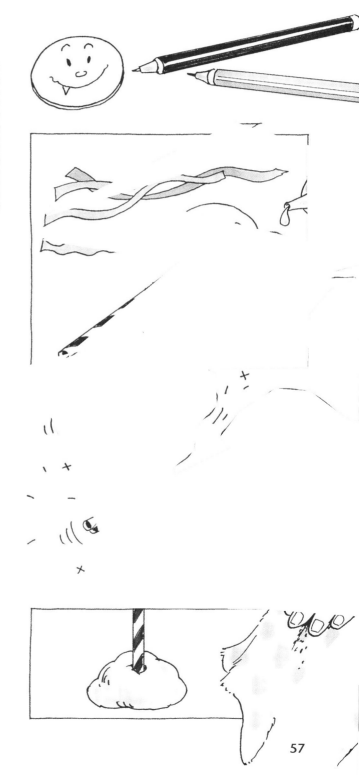

Auch dieses kleine Experiment basiert auf der Tatsache, dass gleiche elektrische Ladungen sich abstoßen. Obendrein sieht es einfach zu komisch aus und man kann, wenn man will, lustige Geschichten dazu erfinden.

Aber zuerst muss die Hauptfigur gebastelt werden, ein kleines Männchen mit langen bunten Haaren aus Seidenpapier. Dazu einfach aus dem Karton einen Kreis als Gesicht ausschneiden und diesem Augen, Nase und Mund aufmalen. Dann mit Klebstoff lange (6 cm) Haare aus Seidenpapier aufkleben. Dann wird hinten ein Trinkhalm angeklebt und in die Knetmasse gesteckt. Jetzt die beiden anderen Trinkhalme an dem Wolltuch aufladen und hinter das Gesicht halten. Huch, da stellen sich ja die Haare zu Berge! Was hat den Guten nur so erschreckt?

EXPERIMENTE MIT ELEKTRIZITÄT

Gefährlicher Puffreis

- Puffreis
- Plastiklöffel
- Wolltuch
- Teller

Wer es nicht selbst gesehen hat, glaubt es nicht! Vor diesem wild gewordenen Puffreis kann man nur in Deckung gehen! Dabei fängt es ganz harmlos an. Einfach den Plastiklöffel an dem Wolltuch reiben und anschließend über die Schüssel mit dem Puffreis halten. Schon springt er hoch und haftet an dem Löffel. So weit ist alles ganz harmlos, doch plötzlich fangen die Körner an, in alle Himmelsrichtungen auf und davon zu schießen. Wie kommt's? Ganz einfach! Der Puffreis wird von dem elektrisch geladenen Löffel angezogen. Die Ladung springt auf den Puffreis über und beginnt diesen ebenfalls aufzuladen. Gleiche Ladungen stoßen sich aber ab und schon beginnt die wilde Schießerei.

Die leuchtende Glühbirne

- flache Batterie (4,5 V)
- 2 Elektrokabel
- 1 Birnchen (3,5 V) mit Fassung
- Messer

Ein Birnchen zum Leuchten bringen – das klingt kompliziert. Ist es aber gar nicht!

Die beiden Kabel mit dem Messer auf 20 Zentimeter zuschneiden und die Drahtenden an beiden Seiten freilegen. Diese Drähte zusammenzwirbeln und an einem Ende an der Batterie und am anderen Ende an der Birnchenfassung anschließen, so wie auf der Zeichnung gezeigt. Fertig ist der einfache Stromkreis und das Birnchen leuchtet.

EXPERIMENTE MIT ELEKTRIZITÄT

Ein einfacher Lichtschalter

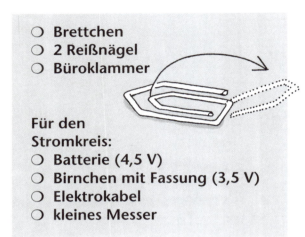

- Brettchen
- 2 Reißnägel
- Büroklammer

Für den Stromkreis:
- Batterie (4,5 V)
- Birnchen mit Fassung (3,5 V)
- Elektrokabel
- kleines Messer

In das Holzbrettchen werden die zwei Reißnägel eingedrückt und dazwischen die Elektrokabel geklemmt. Die Büroklammer wird s-förmig aufgebogen und auf dem Brettchen befestigt, wie es die Zeichnung zeigt. Der fertige Stromkreis muss so aussehen wie auf der Zeichnung. Wenn man jetzt die Büroklammer hinunterdrückt, ist der Stromkreis geschlossen und das Lämpchen leuchtet. Lässt man los, ist er unterbrochen und das Lämpchen geht jetzt zwar aus, aber dir ist dafür hoffentlich ein Licht aufgegangen.

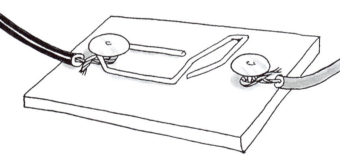

Wer immer schon mal wissen wollte, wie die Sache mit dem Lichtschalter funktioniert, sollte diesen Versuch machen.

Dazu brauchen wir den Stromkreis vom vorigen Versuch. Der Schalter wird dann einfach dazwischengeschaltet.

Leiter oder Nichtleiter

- Glas destilliertes Wasser
- Salz
- verschiedenes Material (Apfel, Geldstücke, Holz usw.)

Für den einfachen Stromkreis:
- Batterie (4,5 V)
- Elektrokabel
- Birnchen (3,5 V)

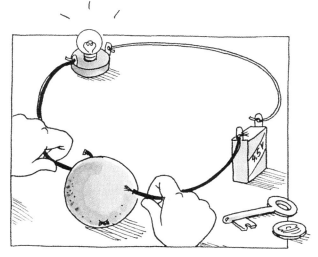

Wer den einfachen Stromkreis installiert hat, kann hier eine kleine Versuchsreihe anschließen. Welches Material leitet den Strom und welches nicht? Einfach die unterschiedlichsten Dinge zwischenschalten, so wie auf der Zeichnung gezeigt:

Du kannst z.B. einen Apfel mit den beiden Drahtenden berühren. Leuchtet das Lämpchen, dann ist er ein Leiter, leuchtet es nicht, dann ist er ein guter Isolator. Du kannst die Enden auch in ein Glas mit destilliertem Wasser halten. Zum Vergleich Salz dazugeben. Was passiert?

Das reine Wasser kann den Strom nicht transportieren – es fehlen die gelösten Mineralien, aber das Salz kann diese Aufgabe übernehmen.

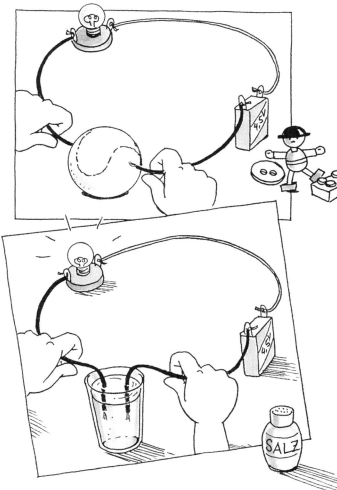

EXPERIMENTE MIT LICHT

Warum ist der Himmel blau?

- durchsichtiges Glas mit Wasser
- ein Teelöffel Milch
- Taschenlampe

DRAUFSICHT

In das Glas mit Wasser wird noch ein Teelöffel Milch geschüttet. Es entsteht eine leicht trübe Flüssigkeit. Dann wird mithilfe der Taschenlampe ein Lichtstrahl auf die wolkige Flüssigkeit gerichtet.

Schau jetzt einmal von der Seite auf den Lichtstrahl in der Flüssigkeit und einmal von vorne, direkt in den Lichtstrahl hinein.

Von der Seite erscheint die Flüssigkeit blau und in der Draufsicht dieselbe Flüssigkeit rot.

Dieser Versuch zeigt, wie auch beim Blau des Himmels oder beim Rot des Sonnenuntergangs, dass das Licht von kleinsten Molekülen gestreut wird. Die Anteile des blauen Lichts werden dabei stärker gestreut und sind bei der seitlichen Aufsicht sichtbar.

VON DER SEITE

Der Regenbogen im Zimmer

- Sonnenschein
- Spiegel
- tiefer Teller mit Wasser

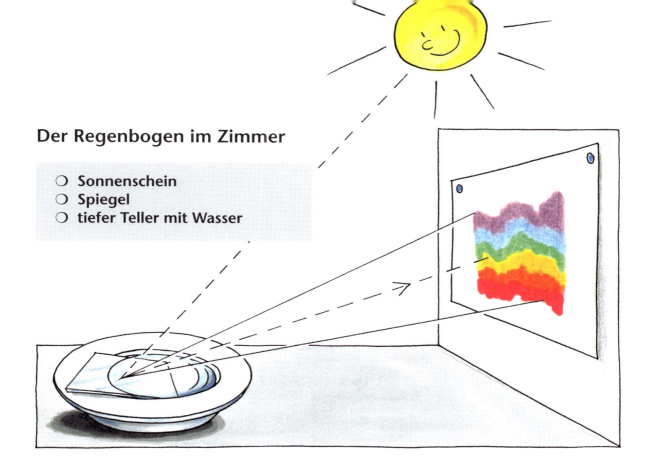

Voraussetzung für dieses Experiment ist, dass die Sonne scheint. In einen tiefen Teller wird Wasser gefüllt und ein kleiner Spiegel bis zur Hälfte schräg hineingestellt.

Das Ganze so zur Sonne drehen, dass die Sonnenstrahlen auf den Spiegel fallen. Den Spiegel dann so ausrichten, dass an der Wand ein Regenbogen entsteht.

Schon gewusst?

Lichtstrahlen breiten sich geradlinig aus. Treffen sie auf einen Gegenstand, ändern sie die Richtung. Ein Spiegel hat eine glatte Oberfläche und wirft den Lichtstrahl zurück wie einen Ball, der an die Wand gespielt wird. Das Licht wird reflektiert. Ein lichtdurchlässiger Stoff wie Wasser dagegen lenkt den Lichtstrahl ab. Der Lichtstrahl wird gebrochen.

EXPERIMENTE MIT LICHT

In welche Richtung zeigt der Pfeil?

- weißer Karton
- Malstift
- durchsichtiges Glas
- Wasser

Auf ein Stück weißen Karton wird ein dicker Pfeil aufgemalt. Und dann folgt die entscheidende Frage: In welche Richtung zeigt der Pfeil? Nun wird jeder diese Frage leicht beantworten können. Aber wie sieht es aus, wenn der Karton hinter ein mit Wasser gefülltes Glas gestellt wird? Nun zeigt der Pfeil gerade in die entgegengesetzte Richtung und das, ohne dass der Pfeil berührt wurde.

Das Glas und das Wasser haben dies bewirkt. Beides zusammen funktioniert wie eine Linse, die ein Bild umkehrt.

Wichtig ist bei diesem Experiment, dass man es vorher öfter probiert. Die Entfernung vom Bild zum Glas, das Glas selbst und auch die Blickrichtung sind entscheidend, damit es gelingt.

Die verschwundene Münze

- farbloses Glas mit Deckel
- Münze
- Wasser

Dieses Experiment ist fast schon ein kleiner Zaubertrick. Eine Münze wird auf einen Tisch gelegt und ein Glas darauf gestellt. Die Münze ist natürlich durch die Glaswand gut sichtbar. Füllt man jetzt aber Wasser in

das Glas, ist die Münze sonderbarerweise verschwunden.

Wie kommt das? Durch das leere Glas gelangen die Lichtstrahlen, die die Münze aussendet, ganz normal in unser Auge. Wir können die Münze sehen. Ist das Glas aber mit Wasser gefüllt, dann werden die Lichtstrahlen reflektiert, das heißt also zurückgeworfen. Wir sehen nichts außer silbrigem Glanz.

Blick in die Unendlichkeit

○ 2 Spiegel
○ brennende Kerze

Wer wagt den Blick in die Unendlichkeit? Dazu auf dem Tisch einen Spiegel aufstellen und sich davor setzen. Den zweiten Spiegel so an die Augen halten, dass man ihn im anderen Spiegel sehen kann. Sind beide Spiegel parallel zueinander, blickt man in eine unendliche Spiegelbildreihe.

Stellt man jetzt noch eine brennende Kerze zwischen die beiden Spiegel, sieht man ein unendlich weit reichendes Flammenmeer.

EXPERIMENTE MIT LICHT

Farbige Schatten

- zwei Taschenlampen
- blaue Plastikfolie
- rote Plastikfolie
- weißer Karton
- Klebestreifen

Farbige Schatten, das gibt es doch gar nicht! Dieses Experiment beweist, dass Schatten nicht immer nur grau und schwarz sein müssen.

Dazu wird mit Klebestreifen an der einen Taschenlampe die blaue Folie befestigt und an der anderen die rote. Beide Taschenlampen anschalten und den Lichtstrahl auf den weißen Karton lenken. Eine Hand in den Lichtkegel halten und deine Hand wirft gleich drei farbige Schatten. Der von der roten Lampe ist bläulich und der von der blauen rötlich. An der kleinen Schnittstelle ist die Farbe violett.

Das eigene Sonnenkraftwerk

- Salatschüssel
- Aluminiumfolie
- Handtuchhalter mit Gummisauger
- Kartoffel
- Sonne

Wie wäre es mit einem eigenen kleinen Sonnenkraftwerk? Gar nicht so schwierig! Kleide eine Salatschüssel mit Aluminiumfolie aus und streiche sie ganz glatt. In der Schüsselmitte die Folie wieder etwas aufreißen und den Handtuchhalter mit Gummisauger befestigen. Auf diesen Handtuchhalter wird eine kleine Kartoffel aufgespießt. Jetzt musst du die Schüssel nur noch in die Sonne drehen. Nach einigen Minuten ist die Kartoffel gar. Die Aluminiumfolie leitet die Strahlen in die Mitte der Schüssel und dort entstehen hohe Temperaturen. Deshalb: Vorsicht!

EXPERIMENTE MIT LICHT

Eine einfache Kamera

- Pappschachtel
- Pergamentpapier
- Klebestreifen
- weicher Bleistift
- Tuch

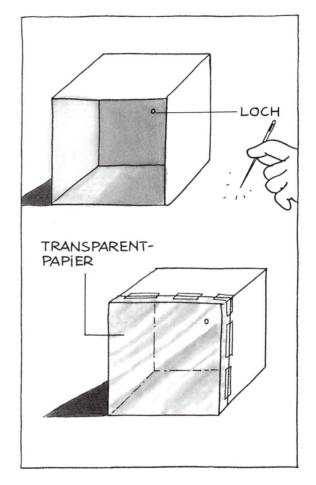

Diese Kamera ist im Grunde eine prima Zeichenhilfe. Wenn du also einmal eine Landschaft abzeichnen willst, dann bau dir diese Kamera.

Dazu in den Boden der Schachtel ein kleines Loch bohren. Die gegenüberliegende offene Seite mit dem Pergamentpapier beziehen. Schlüpfe mit deiner Kamera unter ein Tuch. Schaust du nun auf die helle Landschaft, dann erscheint das Bild auf dem Kopf stehend auf dem Pergamentpapier.
Du musst es nur noch abzeichnen!

Diese einfache Kamera funktioniert ähnlich wie dein Auge. Beim Auge fallen die Lichtstrahlen durch die Pupille ins Innere des Auges. Die hinter der Pupille liegende Linse bündelt die Strahlen und stellt sie auf den Kopf. Die Strahlen landen im Inneren des Auges auf der Netzhaut. Vergleiche: Bei der Kamera auf dem Pergamentpapier. Der Sehnerv leitet schließlich die Signale weiter an das Gehirn. Das Gehirn hat nun die Aufgabe, aus diesen Informationen ein Bild zu machen.

Versteckte Münze

- O Tasse
- O Wasser
- O Münze
- O Lichtquelle

Lege eine Münze in eine leere Tasse ganz nah an den Tassenrand. Die Tasse in die Nähe einer Lichtquelle rücken und zwar so, dass die Münze gerade vom Schatten überdeckt wird. Wie kann man nun die Münze aus dem Schatten befreien, ohne die Tasse zu verrücken oder einen Spiegel zu gebrauchen? Ganz einfach. Fülle die Tasse mit Wasser und der Schatten verschiebt sich. Die Lichtstrahlen werden, sobald sie auf die Wasseroberfläche treffen, in einem Winkel gebrochen.

VERBLÜFFENDE TRICKS

Geheimtinte

- Zitronensaft
- Federhalter mit Feder
- Papier
- Bügeleisen

Ab und zu kann es ganz nützlich sein, das Geheimnis unsichtbarer Botschaften zu kennen. Diese Geheimtinte besteht schlicht und einfach aus Zitronensaft. Schreibe den geheimen Brief damit. Damit er lesbar wird, muss das Blatt Papier mit einem Bügeleisen erhitzt werden. In der Hitze verfärbt sich der Saft braun und die Schrift wird lesbar.

Eine geheime Botschaft

- 2 Papierblätter
- Wasser
- Kugelschreiber

Wenn wir schon bei den Geheimbotschaften sind, dann sei an dieser Stelle noch eine Sache verraten. Tauche ein Blatt Papier in Wasser. Dann wird das trockene Papier über das nasse gelegt und ganz normal mit einem Kugelschreiber die geheime Botschaft geschrieben.

Das Geschriebene drückt sich auf das nasse Papier durch, verschwindet aber, sobald es getrocknet ist. Lesbar wird es erst wieder, wenn man das Papier erneut in Wasser taucht.

Seltsam, nicht wahr? Gar nicht seltsam, wenn man weiß, dass der Druck des Kugelschreibers die Papierfasern zusammengepresst hat. Wird das Papier nass, lässt es an diesen Stellen kein Licht mehr durch und die Schrift wird lesbar.

Schnur als Telefonleitung

- dünne Schnur
- 2 Pappbecher
- 2 Streichhölzer

Sehr praktisch ist ein eigenes Telefon, für Geheimbotschaften sozusagen. Dazu wird der Boden der beiden Pappbecher durchbohrt und die Schnur hindurchgefädelt. Mit einem Knoten wird die Schnur an einem Streichholz befestigt und dieses in den Becher geklemmt. Die Schnur straff spannen und in den Becher reden. Es funktioniert! Der Schall breitet sich in Schwingungen aus und diese werden durch die Schnur übertragen.

VERBLÜFFENDE TRICKS

Der klingende Pappbecher

- alte ausrangierte Schallplatte
- Pappbecher
- Plattenspieler
- lange, spitze Nadel

Ein einfacher Pappbecher kann gut als Lautsprecher verwendet werden. Dazu wird eine lange, spitze Nadel durch den Becherboden gepiekt.

Nun wird eine alte Schallplatte aufgelegt. Ganz vorsichtig die Nadel in die Rille aufsetzen und schon erklingt Musik. Die Schwingungen der Nadel werden durch den kleinen Pappbechertrichter aufgenommen und verstärkt.

Tipp: Je lockerer der Becher gehalten wird, desto besser schwingt er.

Ein heißer Tipp für den richtigen Dreh

- Glas mit Drehverschluss
- heißes Wasser

Bei Wärme dehnen sich Stoffe aus, so auch der Deckel des Glases. Das Glas dagegen braucht zum Ausdehnen viel länger als das Metall vom Deckel.

Wer kennt das nicht? Der Deckel eines Glases sitzt wie festgeklemmt und lässt sich einfach nicht öffnen. Zum Glück gibt es einen Trick, mit dem du deine Kraft sparen kannst. Halte das Glas mit dem Verschluss ungefähr eine halbe Minute unter heißes Wasser. Du wirst überrascht sein, wie leicht sich der Deckel danach öffnen lässt.

VERBLÜFFENDE TRICKS

Der unbewegliche Finger

○ kein Material

Wetten, dass es deinem Freund nicht gelingt seinen Finger zu bewegen? Die Hand muss dabei in der Stellung sein wie abgebildet. Jetzt tippst du nacheinander jeden Finger an, und dein Freund muss ihn leicht anheben. Das klappt auch hervorragend, bis auf den Ringfinger. Der bleibt nämlich völlig unbeweglich. Der Grund: Die Sehne des Ringfingers ist mit der Sehne des Mittelfingers verbunden. In dieser Stellung ist es deshalb absolut unmöglich, den Ringfinger auch nur einen Millimeter zu bewegen.

Der Möbiusring

○ **Papierstreifen (4 x 60 cm)**
○ **Klebstoff**
○ **Schere**

Frage doch einmal deinen Freund, was passiert, wenn man einen zu einem Kreis zusammengeklebten Papierstreifen der Mitte nach durchschneidet. In 99 von 100 Fällen wird geantwortet: Es gibt zwei Ringe. In diesem Fall gibt es aber einen doppelt so großen Ring.
Nimm den Papierstreifen und klebe in einmal gedreht (siehe Zeichnung) zusammen.
Schneide ihn jetzt vorsichtig der Länge nach durch und du erhältst tatsächlich einen doppelt so großen Ring.

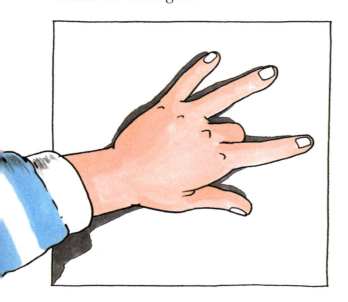

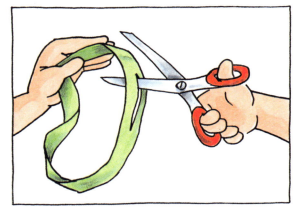

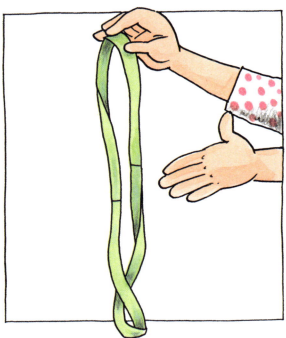

Kalte Glut

- Geldstück
- altes Baumwolltuch (Taschentuch)
- ausgedienter Bleistift
- Kerze
- Streichhölzer

Das Geldstück in die Mitte des Tuchs legen und die Enden zu einem Zipfel zusammendrehen. Wichtig ist, dass das Tuch ganz gestrafft und eng am Geldstück anliegt. Nur so kann der Trick funktionieren. Die Kerze anzünden und die Spitze des Bleistifts so lange in die Flamme halten, bis sie glüht. Wenn das der Fall ist, diese glühende Spitze fest auf das Tuch und auf die Münze drücken. Bis zehn zählen und nachschauen, was passiert ist.

Das Tuch wurde wider Erwarten nicht versengt. Lediglich etwas Asche ist zu sehen. Die Hitze, die das Tuch hätte versengen müssen, wurde sofort an die Münze weitergeleitet.

VERBLÜFFENDE TRICKS

Durch ein Blatt Papier steigen

○ Papier
○ Schere

Mit diesem Trick kannst du deine Freunde wunderbar aufs Glatteis führen.

Du behauptest einfach, in ein Blatt Papier (Schulheftgröße) ein Loch schneiden zu können, um anschließend hindurchzusteigen.

Haben genügend Freunde dagegen gewettet, kann es losgehen.
Das Papier einmal der Länge nach falten. An der Faltstelle ein Rechteck ausschneiden, so wie es die Zeichnung zeigt. An dieser Schnittstelle noch dreizehnmal einschneiden und das Papier vorsichtig auseinander falten. Du kannst jetzt problemlos durch das Loch in der Mitte steigen.
Tipp: Nimm Karopapier und mach immer nach 3 Kästchenreihen den Schnitt.

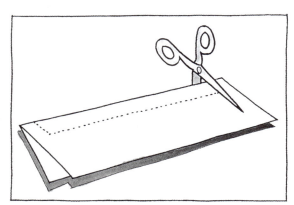

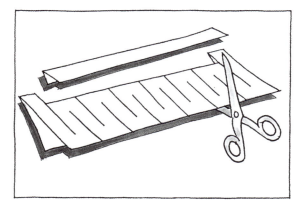

Der Kraftprotz

- 2 Besenstiele
- Schnur
- 2 bis 3 Mitspieler

Dieses Experiment eignet sich wunderbar dazu, deinen stärksten Freunden zu zeigen, wer der wahre Kraftprotz ist. In einer kleinen Wette wirst du beweisen, dass es dir gelingt, zwei Besenstiele zusammenzudrücken, obwohl sie von zwei Mitspielern festgehalten werden. Zum Test darf zuvor ein weiterer Mitspieler probieren, ob er es schafft. Wenn er aufgibt, bist du an der Reihe. Locker bindest du eine Schnur um einen Besenstiel und schlingst sie so um die beiden Stiele, wie du es auf der Zeichnung siehst. Dann ein kräftiger Ruck an der Schnur und die beiden Besenstiele kommen zusammen, so sehr sich deine Freunde auch wehren.

Durch das Umschlingen der Besenstiele mit der Schnur hat sich nämlich deine Zugkraft erhöht. Bei jedem Umschlingen ungefähr um das Doppelte.

VERBLÜFFENDE TRICKS

Das verzauberte Pendel

- Bleistift
- Schnur
- Schere
- 2 Blatt Papier

Glaubst du an die geheimnisvolle Macht der Gedankenübertragung? Nein, natürlich nicht! Dann warte mal diesen Trick ab!

Befestige an einer Schnur, die etwa so lang ist wie dein Unterarm, einen Bleistift. Male dann auf das eine Papier einen Strich und auf das andere einen Kreis.

Das Bleistift-Pendel locker mit ausgestrecktem Arm über das Blatt Papier mit dem Kreis halten. Der Mitspieler murmelt: Denke an den Kreis, konzentriere dich auf den Kreis ...

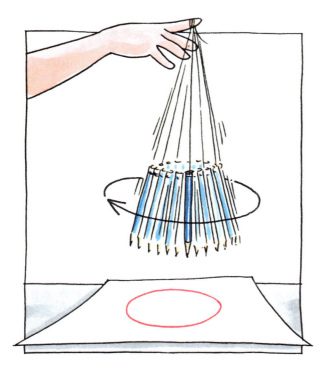

diesen Befehl weiter und die Hand macht winzige entsprechende Bewegungen. Diese werden auf das Pendel übertragen.

Du kannst das Experiment auch alleine ausprobieren. Dann musst du dich aber ganz stark auf das Bild (Kreis oder Strich) auf dem Blatt konzentrieren.

Und siehe da, das Pendel bewegt sich kreisförmig. Das Gleiche funktioniert auch mit dem Strich. Sobald der Mitspieler die Blätter ausgetauscht hat und mit eindringlicher Stimme auf den Strich hinweist, bewegt sich das Pendel wie von Zauberhand und gegen den Willen des Halters hin und her.

Wirklich gegen den Willen? Ja und nein. Der Halter macht tatsächlich keine bewussten Bewegungen. Wenn er sich aber richtig auf den Kreis oder Strich konzentriert, gibt das Gehirn, ohne dass man es merkt,

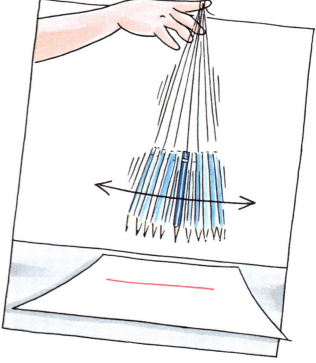

VERBLÜFFENDE TRICKS

Das geheimnisvolle Lineal

- langes Lineal (1 m)
- Mitspieler

Ein Lineal, das, egal wie man es auszubalancieren versucht, nicht herunterfällt? Ja, das gibt es!

Lege deinem Mitspieler das Lineal auf die Handkanten. Die Handflächen schauen dabei nach innen. Eine Hand kann dabei mehr in der Mitte sein, die andere mehr am Rand. Nun soll dein Mitspieler das Lineal ausbalancieren und, egal wie er das anstellt, das Lineal wird nicht fallen. Tatsächlich werden sogar seine Hände immer wieder genau am Mittelpunkt zusammentreffen. Wie das?

Die Reibung verhindert, dass das Lineal herunterfällt. Die Hand, die mehr in der Mitte ist, spürt das schwere Gewicht des langen Endes. Die Hand bewegt sich langsamer. Die andere Hand dagegen spürt das Gewicht nicht sosehr und rutscht schneller. Automatisch treffen sich die Hände in der Mitte.

Schon gewusst?
Überall wo Oberflächen aufeinander treffen, tritt Reibung auf. Ohne Reibung würde uns alles aus der Hand flutschen und wir würden überall wie auf Glatteis ausrutschen.

Reibung wirkt also einer Bewegung entgegen und das kostet Kraft und Energie.

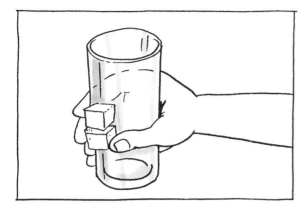

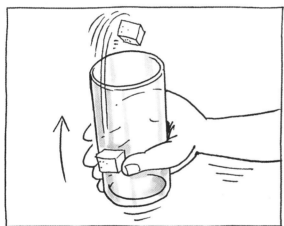

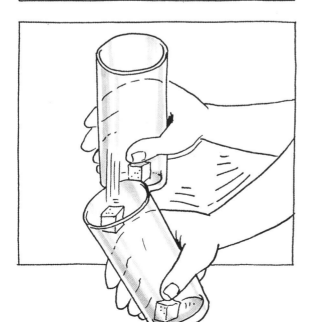

Der Zuckertrick

- schmales Glas oder Eierbecher
- 2 Stück Würfelzucker

Zugegeben, dieser Trick verlangt einige Übung. Wer ihn aber beherrscht, kann damit seine Freunde bestimmt verblüffen.

Ein schmales Glas so mit der ganzen Hand umfassen, dass man zwischen Daumen und Mittelfinger ein Stück Würfelzucker einklemmen kann. Auf dieses Stück Zucker wird noch ein zweites gelegt. Jetzt muss versucht werden, ein Stück nach dem anderen in das Glas zu werfen. Das erste Stück kann man mit etwas Geschick noch ganz gut ins Glas werfen, beim zweiten ist es aber ganz unmöglich. Immer, wenn das Glas nach oben ruckt, um den zweiten Zucker aufzufangen, hüpft der erste Zucker wieder heraus.

Der Trick ist demzufolge, den zweiten Zucker nicht nach oben zu werfen, sondern ihn einfach fallen zu lassen und dann mit dem Glas aufzufangen. Wie gesagt, mit etwas Übung kein Problem!

VERBLÜFFENDE TRICKS

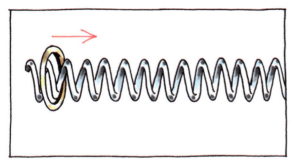

Federspiel

- Ring (z.B. Schlüsselring)
- Spiralfeder
- Mitspieler

Noch ein kleiner Trick, um deine Freunde zu verblüffen.

Nimm einen Ring und stecke ihn auf die Spiralfeder. Wenn er an einer Schlinge hängt, dann drehst du ihn um 180°. Einmal über die Feder klappen (Überschlag) und der Ring hängt an zwei Federschlaufen. Den Ring wieder von der Feder zu lösen, ohne ihn rauszudrehen, ist doch sicher eine schöne Aufgabe für deinen besten Freund?

UM 180° DREHEN!

ÜBERSCHLAGEN!

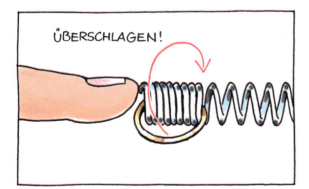

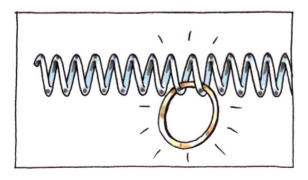

Seifenblasenbilder

- Spülmittel
- Rührschüssel
- Rührgerät
- Untertassen
- Farbpulver
- Pinsel
- Zeichenpapier

Hast du Lust, einmal Seifenblasenbilder zu malen? Die Farblösung ist schnell gemacht. Gib in eine Rührschüssel eine Mischung aus Wasser und Spülmittel und schlage diese mit dem Rührgerät schaumig.

Die Mischung auf Untertassen verteilen und in jede Untertasse ein anderes Farbpulver geben. Das Pulver sorgfältig einrühren. Los geht's mit dem Malen. Die fertigen Bilder fühlen sich nach dem Antrocknen ganz rau an.

EXPERIMENTE MIT KRÄFTEN

Das starke Streichholz

○ Streichholz

Wetten, dass man ein Streichholz nicht mit den Fingern zerbrechen kann? Lächerlich, wird jeder sagen, der diesen Versuch nicht kennt.

Und doch ist es wahr. Wenn das Streichholz so zwischen den Fingern gehalten wird, wie es die Zeichnung zeigt, ist es ganz unmöglich, es zu zerbrechen.

In dieser Position können die Finger ihre Kraft nicht voll entfalten. Sie reicht nicht aus, um ein kleines Streichholz zu knacken.

Die standfeste Streichholzschachtel

○ **Streichholzschachtel**

Für dieses Experiment brauchen wir die ganze Streichholzschachtel. Wichtig ist, dass diese sich besonders leicht öffnen und schließen lässt und nicht ganz voll ist.

Zuerst werden aus der Schachtel eine Reihe Streichhölzer herausgenommen und dann beginnt die Wette: Jeder weiß, dass eine Streichholzschachtel, die man aus etwa 30 Zentimetern Höhe auf einen Tisch fallen lässt, sofort umkippt. Klar, wenn man diesen Trick nicht kennt: Einfach das Schubfach mit den Streichhölzern etwas mehr als die Hälfte herausziehen, bevor man sie fallen lässt.

Durch den Aufprall schließt sich die Schachtel und diese ruckartige Bewegung verhindert das Umfallen: Die Aufprallenergie wird abgefangen.

Wenn es nicht gleich beim ersten Mal klappt, solltest du dieses Experiment noch mal probieren. Nimm ein paar Streichhölzer heraus oder gib im Gegenteil wieder ein paar hinein, bis du die richtige Mischung gefunden hast.

EXPERIMENTE MIT KRÄFTEN

Brücke aus Papier

- 3 Gläser
- 1 Bogen Schreibpapier (DIN A4)

Falte doch einmal das Papier wie eine Ziehharmonika und versuche es dann noch mal. Siehe da, jetzt hält es. Das Gewicht des Glases verteilt sich nun nämlich auf mehrere Papierwände und die Falten halten diese zusammen.

Lege auf zwei Gläser ein Blatt Papier und stelle das dritte Glas darauf. Aber Vorsicht – das Glas auffangen, denn natürlich hält das Papier dem Gewicht des Glases nicht stand. Oder doch?

Das Papiermesser

- ○ Messer mit gerader Klinge
- ○ Papier
- ○ Kartoffel

Falte ein Blatt Papier und lege es über die Klinge eines Messers. Damit kannst du nun eine Kartoffel auseinander schneiden, ohne dass das Papier zerschnitten wird. Der Druck der Klinge erzeugt einen Gegendruck durch die Kartoffel.

Gemüsesorten auf diese Weise zu zerschneiden versuchen.

Das Papier wird aber nicht zerschnitten, weil die Papierfasern fester und härter als das Kartoffelinnere sind. Wenn du magst, kannst du eine kleine Versuchsreihe anschließen und verschiedene Obst- oder

EXPERIMENTE MIT KRÄFTEN

Die träge Orange

- Tasse
- Streichholzschachtel
- Orange
- Postkarte

Zuerst wird ein kleiner Turm gebaut. Auf die Tasse kommt die Postkarte. Darauf wird aufrecht die Streichholzschachtel gestellt und darauf kommt die Orange. Mit einem Ruck wird jetzt die Postkarte weggezogen. Die Streichholzschachtel purzelt davon und die Orange plumpst in die Tasse.

Münze im Glas

- Glas
- Spielkarte
- Münze

Dieses Experiment ist eine Variation des vorherigen. Auf das Glas wird eine Spielkarte gelegt und in die Mitte der Karte eine Münze. Wenn man jetzt ganz schnell und hart gegen die Karte schnipst, rutscht diese davon und die Münze plumpst ins Glas. Auch hier gilt wie vorher: Auf die Karte wird eine Kraft übertragen, aber nicht auf die Münze. Diese bleibt träge liegen und fällt deshalb ins Glas.

Vielleicht kannnst du statt der Münze andere Gegenstände nehmen? Probiere es aus.

Schon gewusst?

Als Trägheit bezeichnet man die Tatsache, dass jeder Körper am liebsten die Bewegung beibehalten möchte, die er gerade macht. Zum Beispiel möchte ein fahrender Zug weiterfahren – ein stehender Zug möchte stehen bleiben. Beide Male müssen Kräfte einwirken, um den stehenden Zug zum Fahren zu bringen und den fahrenden Zug zu stoppen. Trägheit kann also nur durch eine andere Kraft überwunden werden.
Bei dem Versuch mit der Orange wirken die Kräfte nur auf die Postkarte und die Streichholzschachtel. Die Orange bleibt, wo sie ist, und purzelt in die Tasse.

EXPERIMENTE MIT KRÄFTEN

Eine Murmel fährt Karussell

- ○ Glasmurmel
- ○ breites Glas mit Rand

Wie schafft man es, eine Murmel hochsteigen zu lassen, ohne sie mit den Händen zu berühren?

Ganz einfach: Mithilfe eines Glases und der Fliehkraft.

Eine Murmel wird auf eine Tischplatte gelegt und ein breites Glas mit Rand darüber gestülpt. Das Glas wird dann mit einer Hand kreisförmig bewegt. Je schneller man wird, desto schneller kreist auch die Murmel im Innern des Glases und beginnt langsam an der Glaswand aufzusteigen.

Ab einer bestimmten Geschwindigkeit kann man das Glas sogar anheben, ohne dass die Murmel herunterfällt. Sie wird nämlich von der Fliehkraft fest an die Glaswand gepresst.

Schon gewusst?

Je schneller sich etwas dreht, desto mehr wird ein träger Gegenstand immer versuchen, in die Waagrechte „zu fliehen". Zum Beispiel die Flüssigkeit in einem Glas, die Sitze eines Kettenkarussells usw. Das nennt man Fliehkraft.

Der starke Radiergummi

- 1 kleiner und
  1 großer Radiergummi
- Trinkhalm
- Faden

Wetten, dass der kleine Radiergummi stärker ist als der große? Wenn man diesen kleinen Trick anwendet, dann schon.

Den Faden um den kleinen Radiergummi binden und durch den Trinkhalm ziehen. An das andere Ende wird der große Radiergummi gebunden.

Dann wird der kleine Radiergummi wie ein Propeller geschwungen und siehe da, der große Radiergummi wird vom kleinen emporgehoben.

Klar, dass hier noch eine andere Kraft mitgeholfen hat: Die Fliehkraft, die auch bewirkt, dass man aus Kurven hinausgedrückt wird.

EXPERIMENTE MIT KRÄFTEN

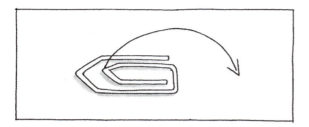

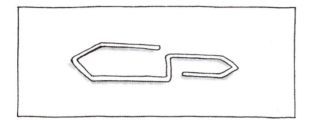

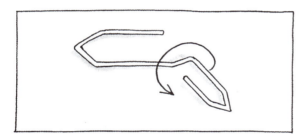

Balanceakt mit einer Münze

- Münze
- Nadel
- Büroklammer
- Zimmerschlüssel

Versuche einmal mit einer Nadelspitze eine Münze zu balancieren. So ziemlich unmöglich, nicht wahr? Aber mit diesem kleinen Trick funktioniert es. Zuerst die Büroklammer so aufbiegen, wie es die Zeichnung zeigt. Dann die Münze in der Büroklammer festklemmen und den Schlüssel daranhängen. Jetzt probiere es noch mal mit dem Balanceakt. Du wirst sehen, nun klappt es! Der tief hängende Schlüssel wirkt ausgleichend und stabilisierend.

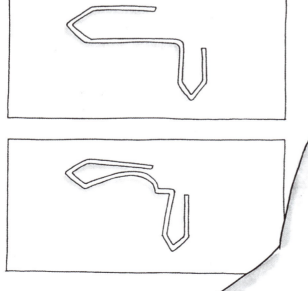

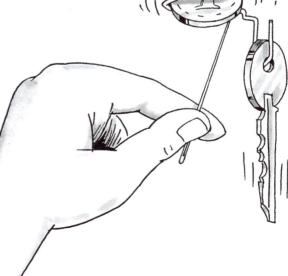

Lineal balancieren

○ Lineal
○ Knete

Und noch ein Balanceakt. Versuche einmal, ein Lineal senkrecht auf der Handfläche zu balancieren. Ganz schön schwierig!
Nimm nun einen großen Klumpen Knete und befestige ihn oben am Lineal.

Du wirst sehen, jetzt ist es viel einfacher das Gleichgewicht zu halten. Die große Knetemasse verzögert nämlich ein Wegkippen des Lineals nach rechts oder links. Du kannst es deshalb einfacher ausgleichen und du bemerkst das Wegkippen viel eher als zuvor, als das Lineal noch um einiges leichter war.

Linealspiel

○ Lineal

Mit dem Lineal lassen sich noch mehr verblüffende Erkenntnisse gewinnen. Lege die Zeigefinger aneinander und balanciere das Lineal. Wetten, dass du es nicht schaffst, beide Finger gleichmäßig voneinander weg zu bewegen? Ein Finger bleibt immer stehen, um das Lineal auszubalancieren.

EXPERIMENTE MIT KRÄFTEN

Münzenspiel

○ mehrere gleiche Münzen

Lege mehrere Münzen in einer Reihe auf den Tisch. Nimm eine Münze und schnippe sie kräftig gegen die Reihe. Am anderen Ende schießt eine Münze davon.

Jetzt nimm zum Vergleich zwei Münzen. Was passiert? So unglaublich es ist, jetzt schießen am anderen Ende zwei davon.

Der Stoß auf die Münzen wurde nämlich durch die ganze Reihe weitergegeben. Dabei wird die gleiche Masse am Ende fortgeschleudert, die am Anfang der Reihe dazukam. Je schärfer und härter der Stoß beim Auftreffen, desto schneller das Wegschießen am Ende.